BEI GRIN MACHT SICH IHP
WISSEN BEZAHLT

- Wir veröffentlichen Ihre Hausarbeit,
  Bachelor- und Masterarbeit

- Ihr eigenes eBook und Buch -
  weltweit in allen wichtigen Shops

- Verdienen Sie an jedem Verkauf

Jetzt bei www.GRIN.com hochladen
und kostenlos publizieren

Michelle Prorocu

Bedingungsloses Grundeinkommen (BGE)

GRIN Verlag

Bibliografische Information der Deutschen Nationalbibliothek:

Die Deutsche Bibliothek verzeichnet diese Publikation in der Deutschen National-
bibliografie; detaillierte bibliografische Daten sind im Internet über http://dnb.d-
nb.de/ abrufbar.

Impressum:

Copyright © 2012 GRIN Verlag GmbH
Druck und Bindung: Books on Demand GmbH, Norderstedt Germany
ISBN: 978-3-656-35689-9

Universität Bremen
Zentrum für Sozialpolitik
Master Sozialpolitik

Seminar: Theorien der Gerechtigkeit
Abgabedatum: 11.09.2012

Essay zum Thema Bedingungsloses Grundeinkommen

"Das bedingungslose Grundeinkommen (BGE) gilt bei etlichen politischen Akteuren als mögliche Alternative zu den bestehenden Formen sozialer Sicherung. Überprüfen Sie anhand einer selbst gewählten Variante des BGE, ob es Ansprüchen an Leistungs-, Bedarfs- und Teilhabegerechtigkeit entsprechen kann."

In den heutigen Debatten zum Thema der Zukunft der Sozialversicherung kommt man nicht an dem Gedanken eines Grundeinkommens vorbei, das jedem Bürger bedingungslos ausgezahlt wird und mit jeder Form von zusätzlichem Einkommen kumulierbar ist. Diese Art von Einkommen soll im weiteren Verlauf dieser Arbeit als bedingungsloses Grundeinkommen (BGE) bezeichnet werden.

Dabei ist der Gedanke eines Einkommens, das an jeden Bürger ausgezahlt wird und an keinerlei weiteren Bedingungen geknüpft ist, kein neuer und wurde bereits im 18. Jahrhundert als ersten u.a. von Thomas Paine formuliert (vgl. Vanderborght/van Parijs 2005: 11). Die politischen Diskussionen zu diesem Thema, auf deutscher, europäischer und zunehmend globaler Ebene nehmen seit den 1980er Jahren wieder zu und werden dies voraussichtlich auch in Zukunft noch tun. Manche sehen die Einführung eines BGE als Heilmittel gegen Armut und Arbeitslosigkeit, andere halten dieses Konzept für äußerst fragwürdig und ethnisch bedenklich. Angesichts der Herausforderungen mit denen sich der Sozialstaat jedoch konfrontiert sieht und den Anforderungen der Globalisierung, muss man sich zwangsläufig mit diesem Konzept auseinandersetzen. In Brasilien wurde eine solche Art von bedingungslosem Grundeinkommen im Jahr 2004 eingeführt. Es soll zunächst den aller ärmsten zustehen und die Erweiterung ist an haushaltspolitischen Rahmenbedingungen geknüpft, jedoch zeigt sich, dass die Idee immer mehr Zuspruch finden und fast nebenbei in einem Land eingeführt wurde in dem man es wahrscheinlich am wenigsten erwartet (ebd.). Auch in Alaska gibt es seit 1981 ein solches Modell auf das ich im Laufe der Arbeit noch zu sprechen kommen werde.

In diesem Essay soll das Konzept des bedingungslosen Grundeinkommens zunächst

1

vorgestellt werden, um dann an einem frei konstruierten Beispiel zu erläutern ob ein solches Einkommen den Ansprüchen an Leistungs-, Bedarfs- und Teilhabegerechtigkeit entspricht.

Unter einem bedingungslosen Grundeinkommen soll hier ein Einkommen verstanden werden, das:

- „ein individuellen Rechtsanspruch eines jeden einzelnen Menschen darstellt,
- die Existenz sichert und gesellschaftliche Teilhabe ermöglicht,
- keine sozialadministrative Bedürftigkeitsprüfung,
- keinen Zwang zur Arbeit oder einen Zwang zu einer anderen Gegenleistung beinhaltet." (Blaschke 2010: 17)

Das BGE und die allgemeinen Sozialhilfeleistungen haben demnach einige Gemeinsamkeiten: sie werden regelmäßig, vom Staat als Geldleistung und ohne vorausgegangene Beitragsleistungen ausgezahlt (vgl. Vanderborght/van Parjis 2005: 13). Im Gegensatz zum Grundsicherungssystem, besteht beim BGE jedoch ein Rechtsanspruch eines jeden Bürgers eines Landes oder einer Gemeinschaft auf dieses Einkommen und ist nicht nur den Ärmsten vorbehalten. Das kann mit der Staatsbürgerschaft einhergehen, so dass jedes Individuum das z.B. in Deutschland lebt und die deutsche Staatsangehörigkeit hat, das BGE beziehen kann. Eine andere Möglichkeit wäre den Anspruch nicht an die Staatsangehörigkeit zu koppeln, sondern an der Verweildauer in dem jeweiligen Land, so dass jeder Einwohnen nach einer gewissen Zeit Anspruch darauf haben könnte.

Es wird auch nicht geprüft ob ein einzelnes Individuum bedürftig ist, oder nicht. Ob arm oder reich, das BGE wird jedem ausgezahlt. Die dritte Bedingung besagt, dass das Individuum keinerlei Gegenleistung erbringen muss um Anspruch auf das BGE zu haben. Bei dem Arbeitslosengeld ist es ja so, dass man seine Arbeitskraft zur Verfügung stellen muss und nachweisen muss, dass man aktiv einen Arbeitsplatz sucht, um die Leistung zu bekommen. Im Falle des BGE würde diese Bedingung wegfallen. Jedes Individuum kann frei entscheiden, ob es arbeiten geht und wenn ja in welchem Umfang. Das BGE berücksichtigt außerdem auch nicht die familiäre Situation der Leistungsberechtigten. Auch wenn in einem Mehr-Personen-Haushalt von Einsparungen ausgegangen werden kann, bekommt jedes Haushaltsmitglied ein Einkommen in gleicher Höhe.

Ob diese Bedingungen nun von Vor- oder von Nachteil sind, soll im Folgenden besprochen

2

werden. Aus Kapazitätsgründen werde ich mich nicht mit der Finanzierung dieses Modells befassen, da sich die Finanzierungsarten (direkte oder indirekte Steuern, Gewinne der staatlichen Unternehmen, Besteuerung für die Nutzung natürlicher Ressourcen, Erhöhung der Mehrwertsteuer usw.) komplex darstellen und zur Beantwortung der gestellten Frage nicht unmittelbar relevant sind (vgl. Vanderborght/van Parjis 2005: 42f.).

Das Modell

Stellen wir uns nun ein Land vor, in dem das bedingungslose Grundeinkommen eingeführt werden soll und nennen dieses Land Idealland. Die Regierung hat sich dafür entschieden ein BGE in Höhe von 700€ ab dem 01.01.2013 einzuführen. Die Höhe von 700€ die monatlich ausgezahlt werden, wurde so berechnet, dass diese Summe das Existenzminimum deckt und sich dabei an die 60% Schwelle des durchschnittlichen Nettoeinkommens in diesem Land orientiert. Das ist die sog. Armutsschwelle: eine Single-Haushalt der weniger als 60% des durchschnittlichen Nettoeinkommens hat, ist laut der Definition der Armutsschwelle von Armut bedroht. In Deutschland liegt die Armutsschwelle z.Zt. beispielsweise bei 940€.
Man hat sich dafür entschieden das Geld monatlich auszuzahlen. Zur Debatte standen noch die Möglichkeiten einer wöchentlichen Auszahlung, was zu erhöhten Verwaltungskosten geführt hätte und einer jährliche Auszahlung, von der man jedoch auch abgesehen hat, da man hierbei nicht davon ausgehen kann, dass jeder Bezieher auch vernünftig mit dem Geld umgeht und es womöglich sofort in einem riskanten Geschäft investiert und alles verliert. Würde das passieren, müsste der Staat diese Person (und es würde bestimmt nicht bei einem Einzelfall bleiben) mit weiteren Transferleistung auffangen.

Bezugsberechtigt sind alle Bürger dieses Landes, mit oder ohne Staatsangehörigkeit, die seit mindestens 5 Jahren dauerhaft in dem Land leben und volljährig sind. Das Kindergeld bleibt bestehen. Die staatliche Rente wird abgeschafft, jeder Rentner würde auch nach dem 65 Lebensjahr die 700€ BGE erhalten und könnte, sofern berufstätig gewesen und privat vorgesorgt, eine Privatrente erhalten, die dann individuell bemessen ist.
Das BGE wird unabhängig von der persönlichen Lebensverhältnissen ausgezahlt: es ist also nicht relevant ob man alleine lebt oder in einer Lebensgemeinschaft, Ehe oder ähnlichen Arrangements – die Höhe der Leistung bleibt gleich.

Über eine Versteuerung des Grundeinkommens wurde im Vorfeld auch nachgedacht, man

3

hat sich jedoch dagegen entschieden, denn eine Versteuerung würde ja heißen, dass jedem von den 700€ der gleiche Betrag an Steuern abgezogen werden würde, was nur zu einer allgemeinen Senkung des BGE führen würde. Die 700€ bleiben also Steuerfrei, alle weiteren Einkünfte werden weiterhin wie gewohnt besteuert. Ob man arbeiten gehen will oder nicht, bleibt jedem selbst überlassen. Der Staat sieht sich nicht in der Pflicht Bürger, die aufgrund des BGE entscheiden zu Hause zu bleiben und nicht zu arbeiten, zur Aufnahme einer bezahlten Tätigkeit zu zwingen.

Soweit zum Modell dieses Staates der sich für die Einführung eines BGE entschieden hat. Nun soll es im Folgenden darum gehen die Vor- und Nachteile dieses Modells anhand der drei Punkte Leistungs-, Bedarfs- und Teilhabegerechtigkeit vorzustellen, um danach ein Fazit skizzieren zu können.

Leistungsgerechtigkeit

Wie leben in einer leistungsorientierten Gesellschaft, nicht nur auf nationaler, sondern auch auf einer globalen Ebene. Nur wer viel leistet, bekommt auch viel. Das ist das Motto von vielen. Deshalb ist es auf dem ersten Blick wenig gerecht „jedem" 700€ monatlich zur Verfügung zu stellen, ohne daran jegliche Bedingungen zu knüpfen.

Es ist davon auszugehen, dass viele dadurch genau die richtige Motivation bekommen würden um zu Hause zu bleiben und keinerlei Anstrengungen mehr zu unternehmen ein Arbeit zu finden. Es ist also nicht gerecht, wenn ein Teil der Bevölkerung arbeiten geht und dadurch das System überhaupt ermöglicht, das sich wahrscheinlich durch Steuern finanzieren lässt, und andere sich dafür entscheiden nichts zu tun und sich auf die 700€ monatlich beschränken wollen. Hinzu kommt, dass eine Familie mit 3 erwachsenen Kindern im Haushalt, also mit 5 bezugsberechtigten Personen, 3500€ monatlich erhält ohne dass einer der Familienmitglieder arbeiten geht. Wenn das sehr viele der Einwohner dieses Landes tun würden, wäre das System irgendwann nicht mehr finanzierbar und würde kollabieren. Auf der anderen Seite ist es fraglich ob das System wie es aktuell in Deutschland ist, in Bezug auf Arbeitslosigkeit überhaupt effizient ist. Als Hartz IV-Bezieher muss man regelmäßig nachweisen, dass man aktiv auf der Suche nach einem Arbeitsplatz ist. Oft wird man dann im Niedriglohnsektor eingestellt, übt eine Tätigkeit aus die man nicht mag und ist dadurch wenig motiviert. Die Produktivität dieser Arbeit ist niedrig, so dass der

4

Arbeitgeber einem irgendwann kündigt. Man hat also, weil man gezwungen wurde die Stelle anzunehmen, die Zeit und die Ressourcen des Arbeitgebers vergeudet. Außerdem lösen diese Arten von Beschäftigung Frustration bei den Arbeitnehmern aus, die nur dazu führen dass sie für die Zukunft weniger motiviert sind eine Arbeitsstelle zu suchen.

„Die Empfänger einer garantierten Mindestsicherung zu einer Beschäftigung zu zwingen, ist mit hohen Kosten verbunden. Wenn eine solche Verpflichtung gerechtfertigt ist, so möglicherweise aus unmittelbar moralischen Erwägungen, nicht jedoch aus Gründen der Kosteneinsparung (Vanderborght/van Parjis 2005: 71).

Im Falle eines BGE würden nur diejenigen arbeiten die das wirklich wollen. Man kann auch davon ausgehen, dass man dann zufriedener im Job wäre, da man nicht unbedingt darauf angewiesen ist um zu überleben, sondern Arbeit als Erfüllung ansehen würde. Außerdem würden sich die Arbeitgeber mehr anstrengen müssen gute Arbeitsbedingungen anzubieten, da sonst die Arbeitnehmer kündigen würden. Auf der anderen Seite gibt es durch das BGE einen großen Anreiz für die Arbeitgeber den Stundenlohn bzw. Mindestlohn zu kürzen, da jeder Arbeitnehmer ja bereits ein Minimum zum überleben zur Verfügung hat. Denkbar ist auch, dass die Leistungsempfänger sich nicht für eine erwerbliche Tätigkeit zur Verfügung stellen, sondern sich vermehrt ehrenamtlich engagieren und sich auf diesem Wege gesellschaftlich integrieren.

Allgemein lässt sich festhalten, dass die Ärmeren der Gesellschaft profitieren, wo hingehen die Reichen, bei denen man davon ausgehen kann, dass sie auch noch hart arbeiten gehen und zusätzlichen Verdienst zu erwirtschaften, durch das BGE nicht reicher werden – denn sie müssen durch ihre Steuerabgaben sowohl ihren eigenen Teil des BGE als auch einen Teil derer die nicht berufstätig sind finanzieren. In diesem Fall wäre eine niedrigere Bemessung des BGE, vielleicht auf 300€ monatlich, ggf. ein bessere Lösung (man spricht dann von einem partiellen Grundeinkommen): Menschen die nur aus Faulheit oder Bequemlichkeit zu Hause bleiben würden und sich mit 700€ zufrieden geben würden, müssten in diesem Fall wieder arbeiten gehen, um zumindest auf das Existenzminimum zu kommen.

Würde man aber diesen Weg gehen, hätte man wiederum das Problem mit den Menschen die nicht fähig sind eine Arbeit zu finden oder auszuüben, sei es auch körperlichen oder geistigen Gründen und diese die nur schwer vermittelbar sind und nirgendwo eine Anstellung finden würden. Diese Gruppe von Menschen, müsste man dann durch eine zusätzliche Förderung auffangen. Außerdem soll das BGE auch so bemessen sein, dass es

5

jedem Menschen eine Existenzminimum garantiert und niemandem dazu zwingt Arbeit aufzunehmen. Michael Opielka, einer der ersten Befürworter des Grundeinkommens in Deutschland sagt dazu: „ Ein Grundeinkommen muss so bemessen sein, dass Armut ausgeschlossen und die Teilhabe am sozio-kulturellen Leben garantiert ist. Ein zu gering bemessenes Grundeinkommen bedeutet faktisch Lohnarbeitszwang." (Opielka/Stalb 1986: 79, zitiert nach Blaschke 2010: 20)

Bedarfsgerechtigkeit

Im Gegensatz zum Sozialversicherungssystem, wo jeder Bedarf einzeln geprüft und die Höhe der Leistung individuell bemessen wird, bekommt jeder Einwohner unseres Ideallandes eine pauschale, monatliche Auszahlung. Das kann für ein Teil der Bevölkerung von Vorteil sein, für andere von Nachteil. Wenn man z.b. in einer Partnerschaft ohne Kinder lebt und keine weiteren Beeinträchtigungen wie z.b. Behinderungen, Krankheiten, andere finanzielle Verpflichtungen hat und zudem noch erwerbstätig ist, ist man klar im Vorteil. Eine allein-erziehende Mutter (wenn man wie in diesem Modell davon ausgeht, dass Kinder bis zu ihrem 18. Geburtstag nicht das BGE sondern nur Kindergeld bekommen), hingegen würde benachteiligt sein – da sie nicht nur weniger Geld zur Verfügung hätte, sondern auch weniger Zeit um einer beruflichen Tätigkeit nachzugehen. Auch im Gegensatz zu einem männlichen Arbeitnehmer wird sie benachteiligt, im Sinne dass sie für die gleiche Arbeit einen niedrigeren Stundenlohn bekommt und allgemein schlechtere Chancen auf dem Arbeitsmarkt hat.

Ein weiterer Aspekt ist die Bedarfsbestimmung von körperlich oder geistig behinderten Menschen, die im Falle eines BGE die gleiche Summe wie alle anderen bekommen würden und eventuell viel mehr benötigen um ihren Lebensunterhalt zu ermöglichen. Die Option einer zusätzlichen Förderung von Menschen mit Behinderung, nach individueller Bedarfsbestimmung, wäre eine Option die sich das Idealland vornehmen könnte.

Teilhabegerechtigkeit

Der Begriff Teilhabe wird in diesem Zusammenhang als Teilhabe am gesellschaftlichen Reichtum und als Teilnahme am gesellschaftlichen Leben verwendet. Der Sozialstaat hat die Aufgabe, allen Bürgern den Zugang zu den Bedingungen für ein gutes Leben zu ermöglichen und die für diesen Zugang benötigten finanziellen und anderen Ressourcen allen Menschen zu gewähren. Diese Konzeption die sich nicht mit einer Armut und Ausgrenzung vermeidenden Aufgabenbeschreibung des Sozialstaates begnügt, wurde 1979 von dem Engländer Peter Townsend formuliert (Blaschke 2010: 18).

Man braucht eine gewisse finanzielle Summe um sein Lebensunterhalt finanzieren zu können. Wie bereits erwähnt, lebt eine Person an der Armutsgrenze in Deutschland wenn ihr ein monatliches Nettoeinkommen von unter 940€ zur Verfügung steht (60% des durchschnittlichen Nettoeinkommens). In unserem Modell müssen die Einwohner des Landes sogar nur mit 700€ BGE monatlich zurecht kommen. Natürlich besteht jederzeit die Möglichkeit der Kumulierung, also jeder hat die Möglichkeit zu arbeiten und zusätzlich noch so viel Geld zu verdienen wie es nur geht. Der Staat bietet mit diesen 700€ eine Grundlage zum Leben und zur Teilhabe an der Gesellschaft und am gesellschaftlicher Leben. Dies kann einen finanziellen Aspekt haben, indem man sich eine Wohnung leisten kann und dadurch nicht obdachlos wird, oder sich leisten kann am kulturellen Leben teilzunehmen: ins Theater zu gehen, den Kindern die Mitgliedschaft in einem Verein ermöglichen, usw. Durch ein BGE erreicht man außerdem die arme Bevölkerung viel besser als durch Sozialleistungen die erstmal beantragt und überprüft werden müssen. Oft erreichen Sozialleistungen die wirklich Bedürftigen gar nicht, weil diese nicht genügend Informationen darüber haben, oder den aufwendigen bürokratischen Weg scheuen. Sprachliche und kulturelle Defizite spielen hier auch noch mit ein. Ein BGE hingegen, wird jedem automatisch ausgezahlt, sofern die Bedingung der Zugehörigkeit zu der Gesellschaft gegeben ist, ermöglicht also eine viel höhere Deckung der Teilhabe am gesellschaftlichen Leben. Durch die Bedingungslosigkeit des Einkommens wird auch der bürokratische Aufwand, der innerhalb des Sozialstaates sehr viel Kosten verursacht, finanziell und personell, verringert und Kosten eingespart.

Wir haben also gesehen, dass die Einführung eines bedingungslosen Grundeinkommens keineswegs eine abwegige Idee ist und durchaus Zukunft hat, wie die politischen Debatten in Deutschland und vielen anderen Ländern zeigen. Wie genau sich dieses BGE jedoch gestalten könnte und was die beste Methode ist, bleibt für mich noch fraglich. In Alaska wurde 1981 eine Art BGE eingeführt die dem hier vorgestellten Modell ähnelt. Vanderborght/van Parjis (2005) nennen den Weg den Alaska eingeschlagen hat „diskret aber konkret" (vgl. Vanderborght/van Parjis 2005: 35).

Ende der 1970er Jahre, nach der Entdeckung des größten Erdölvorkommens in

7

Nordamerika, in der Prudhoe Bay in Alaska, entschied sich der damalige Gouverneur Alaskas dafür ein Fonds einzurichten, der es ermöglichen sollte das immense Reichtum das Alaska beschert wurde durch die Erdölförderung, nur den Einwohnern Alaskas zu Gute kommen zu lassen. Dieser Fonds sollte so angelegt sein, dass er die finanzielle Zukunft des Staates und dessen Einwohner sichern würde. Damit die Einwohner ein Interesse haben den Fonds in der Zukunft wachsen zu lassen, entscheid man sich jedem Einwohner eine jährliche Dividende auszuzahlen. Seit 1982 bezieht also jeder Bürger der sich seit mindestens 6 Monaten legal in Alaska aufhält, unabhängig von Alter oder Residenzzeit in dem Staat, eine jährliche Dividende in gleicher Höhe.

Anfangs betrug die jährliche Dividende rum 300 US-Dollar für jeden Bürger. Im Jahr 2000 erreichte die Dividende ihren bisherigen Höchststand von 2000 US-Dollar. Der Fonds hat sich mittlerweile zu einem international diversifizierten Portfolio entwickelt und machte den Staat Alaska damit zum egalitärsten Staat der USA (vgl. Vanderborght/van Parjis 2005: 35f.)

Dieses Modell bieten meiner Meinung nach mehrere Vorteile: durch eine jährliche Auszahlung, die nicht so hoch ist, aber doch hoch genug um den Bürgern ein finanzielles Polster zu geben, sinkt die Gefahr, dass die Bürger keine berufliche Tätigkeit aufnehmen. Um sein Lebensunterhalt zu finanzieren muss man weiterhin arbeiten gehen. Bei dem eben vorgestellten Modell des Ideallandes befürchte ich immer noch eine steigende Zahl an Trittbrettfahrern, die sich auf die faule Haut legen und auf den Kosten des Staates leben. Es gibt einige die das bereits im bestehenden System des Hartz IV machen und die Einführung eines BGE würde, meiner Meinung nach, das Problem überproportional verschärfen.

Dadurch dass das Grundeinkommen in Alaska sich nur durch die Einkünfte aus der Erdölgewinnung finanziert, hat es natürlich den Vorteil, dass die Steuerlast nicht steigt und das Geld das dem Staat zur Verfügung steht für andere Zwecke verwendet werden kann. So hat das System natürlich eine hohe Akzeptanz in der Bevölkerung und jeder Bürger ist weiterhin daran interessiert im dem Staat zu bleiben und dafür Sorge zu tragen, dass der Fonds floriert. Die Verbundenheit mit der Gemeinschaft in der man lebt und die Teilhabe am gesellschaftlichen Leben ist somit gegeben.

Schlussfolgernd, lässt sich sagen, dass die Wege zu einem allgemeinen Grundeinkommen auf eine Reform der Transferleistungen und der Besteuerung basieren (Vanderborght / van Parjis 2005: 124). Die Transferleistungen wie wir sie heute in Deutschland haben, würden, zumindest zum größten Teil, wegfallen und die Debatte über die Art der Finanzierung eines

BGE würde sehr viele Diskussionen in der politischen Landschaft entfachen. Da Deutschland nicht über Erdöl oder einer anderen natürlichen Ressource verfügt die immensen Reichtum verspricht, müsste man die Finanzierung durch zusätzliche Steuerlasten planen. Die beste Art von Besteuerung müsste noch geklärt werden: sollen die Spitzenverdiener höher besteuert werden? Soll es eine Erhöhung der Mehrwertsteuer sein, oder sollen öffentliche Güter besteuert werden?

Ein bedingungsloses Grundeinkommen kommt vor allem den sehr Armen in der Gesellschaft zu Gute und erreicht diese Bevölkerungsschichten viel schneller und deckender als das die Transferleistungen schaffen. Außerdem ist von einem geringeren bürokratischen Aufwand auszugehen, was wieder weitere Kosten einsparen würde.

Den Anspruch, die Arbeitslosigkeit zu bekämpfen, oder gar komplett abzuschaffen wird dieses Modell jedoch nicht gerecht. Ich halte es für eine wichtige alternative im Kampf gegen Armut und dem demographischen Wandel den wir gerade in Deutschland und in Europa durchlaufen. Eine Alternative die durchaus in Betracht gezogen werden muss, jedoch scheint ein BGE im Moment für Europa keine unmittelbare Lösung zu sein. Vielmehr beschäftigt man sich im Moment mit der Rettung der in Not geratenen Euroländer.

Literatur:

Blaschke, Ronald (2010): Denk' mal Grundeinkommen! Geschichte, Fragen und Antworten einer Idee. In: Blaschke, Ronald/ Otto, Adeline / Schepers, Norbert (Hrsg.): Grundeinkommen. Geschichte-Modelle-Debatten. Karl Dietz Verlag, Berlin.

Vanderborght, Yannick / van Parijs, Phillipe (2005): Ein Grundeinkommen für alle? Geschichte und Zukunft eines radikalen Vorschlags. Campus Verlag, Frankfurt am Main.